Cei

Sé

Ganed Selma Merbaum yn Czernowitz (heddiw Chernivtsi yn Wcráin) ym 1924. Gelwid Czernowitz yn "Klein Wien" (Fienna Fach) oherwydd yr amrywiaeth o ieithoedd a siaredid yno a chyfoeth bywyd diwylliannol y ddinas. Medrai Selma Almaeneg, Iddeweg a Rwmaneg, yr olaf oherwydd bod Bwcofina wedi'i roi i Rwmania ar ôl y Rhyfel Byd Cyntaf yn dilyn datgymalu'r ymerodraeth Awstro-Hwngaraidd. Bu farw yn 18 oed o deiffws ym 1942 yng ngwersyll llafur Mikhailowka dan reolaeth yr SS.

Ar ôl darganfod ei cherddi a chyhoeddi'r *Blütenlese* ('Cynhaeaf Blodau') yn Israel ym 1975, dechreuwyd cymryd diddordeb ynddo yn yr Almaen, ac erbyn hyn mae wedi'i gyfieithu i Iddeweg, Hebraeg, Saesneg, Iseldireg, Sbaeneg ac Wcraineg, ac wedi dod yn rhan o lenyddiaeth y byd.

Yn y llyfr hwn ceisiwyd trefnu'r cyfieithiadau yn gronolegol er mwyn dangos ei datblygiad fel bardd yn ystod cyfnod byr ei blodau. Fel y bardd enwog Paul Celan, a oedd yn perthyn iddi, ysgrifennai yn Almaeneg, iaith prif erlidwyr yr Iddewon pryd hynny.

Lluniau'r clawr:
Paul Burdett

Hawlfraint y testun:
©Mary Burdett-Jones, 2024

Defnyddiwyd dan drwydded gan
Melin Bapur

ISBN:
978-1-917237-19-2

Selma Merbaum (1924-1942)

Cerddi 1939-1941

Cyfieithwyd o'r Almaeneg gyda
rhagymadrodd gan
Mary Burdett-Jones

Clasuron Byd Melin Bapur

MELIN BAPUR

i Elissa R. Henken

Cynnwys

Yn ogystal â cherddi o'i gwaith ei hun, mae **Mary Burdett-Jones** wedi cyhoeddi nifer o gyfieithiadau o gerddi Almaeneg ac Iseldireg yn *Lluniadau* (2020) ac ar ei gwefan, https://lluniadau.com.

Diolch

Mae fy niolch yn ddyledus i Paul Burdett am y lluniau sy'n addurno'r clawr; i Richard Burdett am greu'r wefan lle'r ymddangosodd gyntaf ychydig o'r cyfieithiadau gyda dolen i'r testunau Almaeneg yn argraffiad 1980, https://lluniadau.com; i Philip Henry Jones am ei sylwadau ar y Rhagymadrodd; i Adam Pearce am ei frwdfrydedd, ac i Elissa Henken am ei chefnogaeth, ac iddi hi y cyflwynaf y gyfrol.

Rhagymadrodd

Enynnwyd fy niddordeb yn yr Iddewes o fardd Selma Merbaum gan eitem ar y rhaglen *Kulturzeit*, sef cynhyrchiad ar y cyd rhwng sianelau teledu'r Almaen, Awstria a'r Swistir, ar 31 Hydref 2023. Yno cafwyd cyfweliad â'r actor Iris Berben, cyn digwyddiad yn yr Hamburger Laeizhalle a gynhaliwyd i ddangos cydymdeimlad ag Israel ar ôl pogrom 7 Hydref. Roedd pob tocyn wedi'i werthu. Dywedodd iddi fod ychydig ddyddiau ynghynt mewn gwrthdystiad yn Berlin, lle'r oedd tua deng mil o bobl wedi dangos eu cefnogaeth i Israel yn ei galar wedi i'r nifer mwyaf o Iddewon gael eu llofruddio mewn un digwyddiad er y Shoah. Yn wyneb y fath erchyllltra beth ellid ei wneud? Rhaid gwneud y galar yn weladwy. Credai fod diwylliant, y celfyddydau, yn fodd i gysylltu, yn arbennig "die Verbindung durch Poesie" (ffurfio cyswllt trwy farddoniaeth). Felly, ei chyfraniad hi i'r noson oedd darllen cerddi gan Selma Merbaum (1924-1942).

Nod y Natsïaid oedd dinistrio'r Iddewon a'u diwylliant ledled Ewrop. Petaem ond yn gresynu oherwydd marwolaeth merch addawol heb werthfawrogi a dathlu'r hyn a gynhyrchodd, fe fyddai'n cyflawni nod y Natsïaid. Fy ngobaith yn y gyfrol hon yw dangos bod gan waith llenyddol Selma werth parhaol sydd yn annibynnol ar ei thynged.

Yn hytrach na glynu wrth y drefn y copïodd Selma ei cherddi yn yr albwm *Blütenlese* ('Cynhaeaf Blodau'), sef mewn cyfresi yn gronolegol o fewn nifer o adrannau, yn fy nghyfieithiadau Cymraeg ceisiais eu trefnu yn un gyfres gronolegol er mwyn amlygu datblygiad y bardd yr oedd cyfnod ei blodau mor fyr. Gwelir newid agwedd o'r gerdd gyntaf sydd yn llawn llawenydd i gerddi dwysach, duach. Gwelir trefn wreiddiol Selma mewn atodiad ar ddiwedd y gyfrol. Ymhlith enwau disgwyliedig adrannau'r *Blütenlese* megis *Apfelblüten* ('Blodau afal') a *Rote Nelken* ('Ceianau Cochion') ceir *Nachtschatten* ('Cysgodion Nos') a *Sterne* ('Sêr'). Ni chyfieithwyd ei chyfieithiadau Almaeneg o gerddi Ffrangeg, Iddeweg, a Rwmaneg.

Bywyd

Roedd gan Selma, a ymdebygai o ran pryd a gwedd i Anne Frank (1920-45), yr un awydd â hi i'w mynegi ei hun mewn geiriau. Fe'i ganed ar 5 Chwefror i rieni Iddewig yn Czernowitz (yr enw Almaeneg; Cernăuţi yn Rwmaneg, Czernivtsi yn Wcraineg). Bellach namyn dinas yn ne-orllewin Wcráin, roedd gynt yn brifddinas Bwcofina ('das Buchenland', Gwlad y Ffawydd), sef tir coron y rhoddwyd rhywfaint o hunanlywodraeth iddo gan yr ymherodr Awstro-Hwngaraidd ym 1786. Fe'i dyfarnwyd i Rwmania ar ôl y Rhyfel Byd Cyntaf pan ddatgymalwyd yr ymerodraeth Awstro-Hwngaraidd. Pryd hynny siaredid nifer o ieithoedd yn y ddinas gan gymunedau lleiafrifol a oedd fel petaent yn cyd-fyw yn heddychlon ddigon; nid oedd mwyafrif yno. Siaredid Rwmaneg, Wcraineg a Rwsieg, Almaeneg ac Iddeweg, a Hwngareg. Yng nghyfrifiad 1920 nododd tri chwarter Iddewon Czernowitz eu bod yn medru Iddeweg, er nad oedd yr iaith yn cael ei chydnabod yn swyddogol. Math o Almaeneg a ddefnyddid gan Iddewon Ashkenazy yw hon. Gallai Czernowitz ymffrostio yng nghyfoeth y diwylliant yn yr iaith honno gan fod canran uwch o gylchgronau Iddeweg yn cael eu cyhoeddi yno nag yn unman arall.[*] Roedd 'Bukowinaer

---

[*] Josif Vaisman, 'Yiddish in Czernowitz after the Conference', *Mendele: Yiddish literature and language*, 08.054 (September 7, 1998), ar lein.

Deutsch' (Almaeneg Bwcofina), yn lingua franca: ffurf ar Almaeneg Awstria ac iddi rai nodweddion cystrawennol cryf Iddeweg, a hefyd dylanwad Slafaidd. Yn y 1930au, cyn y Shoah, roedd canran uchel o boblogaeth Czernowitz— 'Klein Wien' (Fienna fach) fel y'i llysenwyd—yn Iddewon, sef rhyw 50,000.[*]

Almaeneg da, nid Almaeneg sathredig Bwcofina, oedd iaith aelwyd cartref Selma, yn ôl ei chofiannydd Marion Tauschwitz.[†] Roedd ei thad, Chaim Meier (Max) Merbaum (1892/3-1924), gwerthwr esgidiau o Galicia, wedi ymsefydlu yn Czernowitz oherwydd bod Almaeneg yn dal i gael ei siarad yno a chan fod perthnasau ganddo yn y ddinas. Bu farw ym mis Tachwedd 1924, pan oedd Selma ond yn naw mis oed. Roedd gan ei mam Friederika (Frieda) Schrager (1891-1943) siop fach yn gwerthu mân nwyddau megis nodwyddau, edafedd ac offer ysgrifennu. Ailbriododd ei mam â Leo Eisinger (1890-1943) pan oedd Selma yn dair oed. Ganed ef yn Rohozná, a oedd yr adeg hynny yn rhan o dir coron Bohemia. Ar ôl i hwnnw fynd yn rhan o Tsiecoslofacia ar ôl yr Rhyfel Byd Cyntaf, symudodd ei dad, gwerthwr gwartheg, ei deulu i Czernowitz, eto oherwydd bod Almaeneg yn cael ei siarad yno. Medrai Selma hefyd Iddeweg, iaith ei mam-gu ochr ei mam; roedd ei thad-cu yn gantor yn yr hen synagog; codwyd un newydd ysblennydd ym 1873. Rwmaneg oedd iaith addysg; astudiodd Selma hefyd Ffrangeg a Lladin yn yr ysgol, a phan ddaeth cyfle, aeth i ysgol Iddeweg.

---

[*] Hardy Meyer, 'Chernovits en yidish / Czernowitz and Yiddish – random reminiscences of a budding septuagenarian', *Mendele*, *08.054 (September 7, 1998), ar lein.*
[†] Marion Tauschwitz, *Selma Merbaum, Ich habe keine Zeit gehabt zuende zu schreiben: Biographie und Gedichte* (Springe, 2014); cafwyd ail argraffiad gyda lluniau a hanesion ychwanegol yn 2023 ar gyfer canmlwyddiant ei geni y flwyddyn ganlynol.

Ymddengys i Selma ddechrau ysgrifennu cerddi yn Almaeneg yn 1939 pan oedd ond yn bymtheg oed. Disgrifia ei chofiannydd Marion Tauschwitz y gerdd gyntaf sydd wedi goroesi, *Gilu* ('Llawenhawn'), fel cofnod dyddiadur.[*] Roedd Selma yn aelod o Hashomar Hatzair, sef cymdeithas o Seioniaid ifainc sosialaidd. Roedd pwyslais ar weithgareddau awyr agored ar lannau afon Pruth a mynyddoedd cyfagos Carpathia; ceir cerdd i'r serenllysiau melyn sy'n tyfu yno, *Den gelben Astern ein Lied*. Mewn llun o grŵp o bobl ifainc ar y fath achlysur gwelir Selma yn dal pêl yn ei dwylo. Mewn cerdd ddiweddarach, *Poem* ('Cerdd'), dywed: "Schau, das Leben ist so bunt. / Es sind so viele schöne Bälle drin." (Edrych, mor amryliw yw bywyd. / Ceir cymaint o belau hardd ynddo.) Disgrifia Gregor von Rezzori (1914-98), a fagwyd yn Czernowitz i rieni a gollodd ei statws gyda diwedd yr Ymerodraeth Awstro-Hwngaraidd, bêl arbennig o hardd o'i eiddo a orchuddiwyd gan luniau lliwgar o syrcws.[†] Mae cerdd Selma *Gilu*, neu 'Song of rejoicing' fel y'i cyfieithwyd gan Jerry Glenn, Florian Birkmayer ac eraill,[‡] yn mynegi'r hwyl a gafwyd wrth ddawnsio, eto dengys y gerdd hefyd ymwybyddiaeth wleidyddol wrth i'r bobl ifainc ddymuno rhyddid ym mhob gwlad. Gan fod Czernowitz dan ormes Rwmania lle'r edmygai llawer o'r gwleidyddion y Natsïaid, byddai mudiad â'r nod o ryddid ac ymfudo i Balesteina yn apelio at Iddewon ifainc. Daeth trwy'r gymdeithas i adnabod Leiser Fichman (bu farw 1944), bachgen o deulu gwell eu byd na hithau, ond daeth eu cyfeillgarwch i ben, digwyddiad a barodd loes calon iddi. Yn yr haf neu'r hydref symudodd

---

[*] Tauschwitz, *Selma Merbaum*, t. 84.

[†] Gregor von Rezzori, *The Snows of Yesterday: Portraits for an Autobiography*, cyfieithwyd gan H. F. Broch de Rothermann (New York, 1989), t. 97.

[‡] Selma Meerbaum-Eisinger, *Harvest of Blossoms: Poems from a Life Cut Short*, goln Irene a Helene Silverblatt (Evanston, 2008), t. 59.

Selma i fyw gyda'i mam-gu Chaje Henriette Thaler yn y Judengasse.

Yn fuan ar ôl dechrau'r Ail Ryfel Byd cyfansoddodd Selma ei cherdd nesaf, *Kastanien* (Castanau), ar 23 Medi 1939, lle y sonia am yr haf yn ymadael, ac ar ei diwedd dywed: "Langsam, Schritt für Schritt, wie ungewollt / laß ich meine Füße weiter wandern." (Yn araf deg, yn ddigyfeiriad / y gadawaf i'm traed fesul cam gerdded.) Ceir nodyn trist yn *Lied* [I] (Cân [I]), 25 Rhagfyr 1939, a osodwyd ganddi ar ddechrau ei chasgliad o gerddi, lle y dywed: "Heute tatest du mir weh" (Gwnaethost ti fy mrifo heddiw), gan annerch Fichman, mae'n amlwg; ymddengys i hwnnw roi terfyn ar eu perthynas. Ceir cymhariaeth drist yn *Welkes Blatt* (Deilen grin): "wie ein Kind das traurig ahnt / daß es krank ist und bald sterben soll" (fel plentyn sy'n tybio yn drist / ei fod yn sâl ac ar farw).

Yn ôl Tauschwitz mae'r gerdd olaf a ysgrifennodd yn bymtheg oed, *Der Kelch* (Y Cwpan), yn cyfeirio at bowlen wydr a ddefnyddiwyd mewn defodau teuluol Iddewig. Tebyg mai eiddo ei mam-gu oedd y cwpan, a ddaliai win neu sudd grawnwin y dywedid y fendith Kiddush uwch ei ben i gysegru'r Sabath neu wyliau.

Pan ddaeth y Rwsiaid i Bwcofina ym mis Mehefin 1940 gan beri i gannoedd o Rwmaniaid ffoi, fe'u hystyriwyd gan yr Iddewon fel achubiaeth. Hoffai Selma ganeuon y Rwsiaid a cheisiodd ddysgu'r iaith. Ceir bwlch yn y cerddi o sawl mis.

Wedi graddio o'r degfed ddosbarth o'r ysgol Rwmanaidd yn haf 1940, aeth Selma i ysgol Iddeweg o hydref y flwyddyn honno hyd haf 1941. Yn Ionawr 1941 yn *Wiegenlied* (Suo-gân) sonia am fygythion oddi wrth "Araber" (Arabiaid) a wynebai preswylwyr y kibbutzim mewn ffordd sy'n taro'n chwithig i ni heddiw o wybod am yr anhawster a gawsant i brofi eu hawl i dir dan y Mandad

Prydeinig, anhawster a ddeilliai o weinyddiaeth yr Ymerodraeth Otomanaidd.[*]

Ar ddechrau'r adran *Nachtschatten* (Cysgodion Nos) ceir tristwch yn y gerdd *Sehnsuchtslied* (Cân o Ddyhead), 9 Ionawr 1941:

> bangen um das Glück, das dich nur leicht gestreift,
> in den leisen Nächten, wenn der Mond dich wiegt
> und die Stille deine Tränen nicht begreift.

> (ofn y llawenydd na wnaeth ond cyffwrdd yn ysgafn â thi / yn y nosau tawel, pan sigla'r lleuad di / ac ni ddealla'r distawrwydd dy ddagrau).

Mae ei cherdd olaf yn un-ar-bymtheg oed, *Schlaflied für mich* (Hwiangerdd i mi fy hun), yn mynegi dyhead am lawenydd coll ond yn cydnabod nad oes dim dychwelyd.

Ar ôl i'r Almaenwyr dorri eu cytundeb â'r Rwsiaid ac ymosod ar yr Undeb Sofietaidd ym mis Mehefin 1941, meddiannwyd Czernowitz ganddynt o fewn dyddiau. Gadawodd y Rwsiaid gan adael dinistr ar eu hôl. Dychwelodd y Rwmaniaid ar 6 Gorffennaf. Siomwyd Selma gan eu gormes ffyrnig ar yr Iddewon a barhaodd am dridiau. Ceir cyfeiriad uniongyrchol at y digwyddiadau hyn, a hynny yn ei cherdd fwyaf, *Poem* (Cerdd), sy'n ddyddiedig 7 Gorffennaf 1941:

> Warum brüllen die Kanonen?
> Warum stirbt das Leben
> für glitzernde Kronen?
> . . .
> Hauff um Hauff
> sterben sie.

---

[*] Naomi Shepherd, *Ploughing Sand: British Rule in Palestine 1917-1948* (Llundain, 1999), pennod 3.

Steh'n sie nie auf.
Nie und nie. –
Ich will leben.
. . .
Dann . . .
Sie kommen dann
und würgen mich.
Mich und dich
Tot.
. . .
Über Nacht
bin ich
Tot.

(Paham y rhua'r canonau?
Paham y mae bywyd yn marw
ar gyfer coronau gloyw?
. . .
Maent yn marw,
pentyrrau ohonynt.
Nid atgyfodant eto.
Byth, byth. –
Rwyf am fyw.
. . .
Yna y dônt
a'm tagu.
Ti a fi
yn farw.
. . .
Dros nos
byddaf farw.)

Wrth ddarllen y gerdd hon fe'm hatgoffwyd gan y rhythmau a'r ailadrodd o gerdd fawr Paul Celan (1920-1970), *Todesfuge* (Ffiwg Angau). Ac yntau wedi'i fagu yn Czernowitz, roedd hefyd yn perthyn i Selma o bell: roedd ganddynt yr un hen-dad-cu ar ochr mam Celan. Byddai'n darllen ei waith i Selma a chyfaill iddi, ond ni feiddiai hi ddangos ei cherddi iddo.[*] Gwyddai amdanynt yn ddiweddarach ac fe wnaeth hi'n amod cynnwys cerdd o'i heiddo wrth gytuno i'w gerdd enwog *Todesfuge* yntau gael ei chyhoeddi mewn blodeugerdd yn ymwneud ag erledigaeth yr Iddewon dan y Trydydd Reich ym 1968. *Poem*, a ymddangosodd yno yn ymyl cerdd Celan, oedd y gerdd gyntaf o'i heiddo i gael ei chyhoeddi.[†]

Ar orchymyn 11 Hydref 1941 y llywodraethwr Rwmaneg bu'n rhaid i rieni Selma, ynghyd â deng mil o Iddewon eraill, symud i'r geto a grëwyd am y tro cyntaf yn Czernowitz; er bod pobl uwch eu statws wedi byw yn uwch i fyny ar y bryn na'r rhelyw, nid oedd gynt geto yn y ddinas. Nod y maer oedd diogelu'r Iddewon rhag caethglud.

Mae cri'r ferch ifanc yn y gerdd olaf ond un o'i heiddo sydd wedi goroesi, *Tragik* (Trasiedi), ddyddiedig 23 Rhagfyr 1941, yn ingol:

> Das ist das Schwerste: sich verschenken
> und wißen, daß man überflüßig ist,
> sich ganz zu geben und zu denken
> daß man wie Rauch ins Nichts verfließt.

> (Dyna'r peth anhawsaf: dy roi dy hun
> a thithau yn ymwybodol dy fod yn afraid,
> dy roi dy hun yn llwyr gan wybod
> y byddi di fel mwg yn llifo ar ddifancoll.)

---

[*] Tauschwitz, *Selma Merbaum*, tt. 84-5.
[†] Selma Merbaum Eisinger, *Harvest of Blossoms*, t. xix; Heinz Seydel, *Welch Wort in die Kälte gerufen: Die Judenverfolgung des Dritten Reiches im deutschen Gedicht* (Berlin, 1968), t. 352.

Er gwaethaf anobaith *Tragik*, mae'r gerdd olaf sydd wedi goroesi, *Stefan Zweig*, yn dangos egni merch nad oedd eto wedi cyrraedd deunaw oed. Mae'n dathlu pŵer bywyd: "dieses heiße, verzerrende, glasklare Wort" (y gair hwn, brwd, yn gwyrdroi, clir fel crisial).

Tua diwedd 1941 dechreuodd Selma gasglu ei cherddi ynghyd mewn albwm dan y teitl *Blütenlese*. Trist yw'r cofnod ar y diwedd lle ceir teitl grŵp arall, *Schlafmohn* (Pabi Opiwm) heb ddim byd oddi tano; nododd nad oedd ganddi amser i ysgrifennu rhagor. Mae hanes y casgliad wedi hyn yn gymhleth. Ymddengys iddi roi'r albwm i gyfaill ar gyfer Fichman a'i fod yn ei feddiant am gryn amser, ond cyn iddo gychwyn i Balesteina fe roddodd ef yn ôl i'r cyfaill; cludodd hi ef ar ei theithiau ar draws Ewrop nes iddi gyrraedd Palesteina. Ni chafodd y cerddi lawer o sylw yn Israel lle'r oedd cais i sefydlu Hebraeg fel iaith yr wladwriaeth ar draul Iddeweg. Daethant i ddwylo Hersch Segal, ei chyn-athro, a cyhoeddodd hwnnw y cerddi ar ei draul ei hun. Yn nes ymlaen tynnodd y bardd Hilda Domin (1912-2006) sylw'r newyddiadurwr Jürgen Serke atynt, ac ysgrifennodd ef amdanynt. Cafwyd argraffiad yn yr Almaen ym 1980.[*]

Caethgludwyd Selma a'i rhieni gyda nifer i Iddewon eraill 28 Mehefin 1942 i wersyll yn chwarel *Caniera de patriă* i'r gorllewin o afon Bug, yn Transnistria, ardal roedd yr Almaenwyr wedi'i gosod dan weinyddiaeth Rwmanaidd. Ar 28 Awst, ar orchymyn yr SS, anfonwyd Selma a'i rhieni gyda rhyw fil a hanner o Iddewon i wersyll llafur gorfodol Mikhailowka i'r dwyrain o afon Bug i adeiladu ffordd. Un o'r ychydig gaethweision a oroesodd oedd Arnold Daghani (1909-85), Iddew o Bwcofina a gofnododd fywyd yn y wersyll mewn geiriau yn ogystal ag mewn lluniau. Roedd Selma o'r farn nad oedd ei luniau yn

---

[*] Cafwyd argraffiadau pellach yn 2005 a 2008; ceir y testun wedi'i gymharu o'r newydd â'r llawysgrif wreiddiol lle'r oedd yn bosibl yng nghofiant Tauschwitz.

cyfleu'r erchylltra'n ddigonol.[*] Llwyddodd Selma i guddio ei salwch oddi wrth yr awdurdodau gan barhau i weithio tra gallai. Clywyd ei llais yn canu yn ystod ei horiau olaf. Diolch i Daghani gwyddom iddi farw o deiffws ar 16 Rhagfyr 1942. Lapiwyd ei chorff mewn blanced gan yr Iddewesau, a dengys llun ganddo sut y gostyngwyd ei chorff ar un o'r ysgolion o'i gwely ar y rhes uchaf o'r gwelyau bwnc i freichiau dau ddyn isod, tra oedd nifer o bobl drist eu gwedd yn gwylio. Atgoffwyd fi o luniau o ddisgyniad Iesu, brenin yr Iddewon, o'r groes. Diddorol gweld wedyn mai'r teitl a roddodd Daghani i'r llun yw 'Pieta'.[†] Claddwyd Selma yn ddienw mewn bedd torfol. Ymhlith y pethau a adawodd oedd ychydig o linellau roedd hi wedi'u nodi o bennill Saesneg:

> All day I muse, all day I cry,
> Aye me.
> I feel the pain that on me feeds,
> Aye me.
> My wound I stop not, though it bleeds.
> Aye me.

Roedd hi wedi'u nodi gan ei hathro Saesneg.[‡] Dyfyniad yw hwn o waith y Fonesig Mary Wroth (1587?-1651/3); ei henw morwynol oedd Sidney, a'i mam hi oedd Barbara Gamage, aeres o Gymru.[§]

---

[*] Gwelir nifer o'i luniau ar wefan Yad Vashem,
https://www.yadvashem.org/museum/art/exhibitions/last-portrait/arnold-daghani.html
[†] *Arnold Daghani's Memories of Mikhailowka: The Illustrated Diary of a Slave Labour Camp Survivor*, goln Deborah Schultz ac Edward Timms (London, Chicago, 2009), plât 3.
[‡] Tauschwitz, *Selma Merbaum*, t. 221.
[§] *Oxford Dictionary of National Biography* ar-lein, https://www.oxforddnb.com; cyrchwyd 22 Mai 2024.

Mynegiant

Rhaid gofyn paham yr ysgrifennodd Selma yn iaith gormeswyr mwyaf ei phobl pan allai fod wedi mynegi ei hun mewn iaith arall. Nid oedd Rwmaneg ond yn iaith a orfodwyd ar ysgolion ac yn y bau gyhoeddus. Pan roddodd y Rwsiaid y dewis o ysgolion rhwng ysgolion Rwmaneg, Wcraineg/Rwsieg ac, yn annisgwyl braidd, Iddeweg, aeth Selma i un Iddeweg lle y dysgwyd drwy gyfrwng yr iaith; roedd eisoes yn gyfarwydd â'r wyddor Hebraeg. Bu'n ffodus oherwydd bod athrawon hynod o ddisglair yno, a chafodd ei thrwytho yn llenyddiaeth Almaeneg, a cherddi Rainer Maria Rilke (1875-1926) yn cael lle blaenllaw. Ceir ganddi gyfieithiad i Iddeweg, *Harbstlid*, yn ogystal ag un i Almaeneg o gerdd Ffrangeg *Chanson d'automne* ('Cân Hydref') gan Paul Verlaine (1844-1896).[*] Hwyrach bod rhyw awra o'r ymerodraeth Awstro-Hwngaraidd yn perthyn i iaith ei chartref, ond tebyg bod natur ei haddysg lenyddol Almaeneg o bwys yn hyn o beth. Clywyd dylanwad Heinrich Heine (1797-1856), Iddew a drodd at yr Eglwys Lwtheraidd, a Rilke; dywed Marion Tauschwitz fod Hilda Domin wedi cael ei hatgoffa o waith cynnar Hugo von Hofmannsthal (1874-1929), hefyd Gertrud Kolmar (1894-1943), Iddewes a gafodd gryn lwyddiant yn gynnar yn ei gyrfa ond a anfonwyd i Auschwitz. Fel y dywedwyd, cyflwynodd Selma gerdd i Stefan Zweig (1881-1942). Iddew a ffodd o'r Almaen; ni wyddai Selma ei fod eisoes wedi cyflawni hunanladdiad dramor gan iddo fethu dygymod â bywyd alltud yn Ne America. Dywed Domin, Iddewes a ffodd o'r Almaen, am y paradocs bod pobl yn greadigol yn iaith yr erlidwyr, "das unser Liebstes und Bestes die Sprache war in der wir verfolgt worden... die Sprache war für uns sicher das Zuhause" (yr hyn a oedd mwyaf annwyl gennym a'r peth gorau i ni oedd yr iaith yr

---

[*] Tauschwitz, *Selma Merbaum*, t. 283.

erlidiwyd ni ynddi... wir, roedd yr iaith yn gartref).[*] Rheswm
arall, efallai, oedd bod Selma yn gweld yr iaith Almaeneg yn
gyfrwng rhyngwladol.

Cerddoriaeth

Un o nodweddion gwaith Selma yw ei hoffter o
gerddoriaeth, fel y gwelir yn nheitlau nifer o'i cherddi, e.e.
Regenlied (Cân Glaw), *Schlaflied* (Hwiangerdd). Weithiau ceir
cymhariaeth ond dro arall awgrymir synaesthesia. Dengys
ei hymwybyddiaeth o sŵn yn *Stille* (Distawrwydd): "Der
Spiegel glänzt und in ihm tickt die Uhr, / ganz weit im
fernen Dorfe kräht ein Hahn." (Disgleiria'r drych ac ynddo
ticia'r cloc, / o'r pentref pell clywir clochdar ceiliog).

Sonia yn *Welke Blätter* (Dail crin) am sŵn ei cherddediad
drwy ddail crin:

> . . . rauschet leise, leise,
> wie die tränenvolle Weise,
> die ich sing, von Sehnsucht schwer

> (. . . fy nghamau,
> siffrydant yn dawel, dawel
> fel y ffordd ddagreuol
> y canaf yn drwm gan ddyhead).

Yn *Frühling* (Gwanwyn) dywed, a'r odl "tropft" (difera)
a "klopft" (cura) yn awgrymu'r sŵn:

> Sonne.
> Und noch ein bischen aufgetauter Schnee
> und Wasser das von allen Dächern welcher tropft

---

[*] Hilda Domin mewn cyfweliad teledu gyda Christa Schulze-Rohr
ar y rhaglen *Wortwechsel*, 1991; ar gael arlein ar
https://www.youtube.com

und dann ein bloßer Absatz klopft

(Yr haul
Ac o hyd ychydig o eira wedi hanner toddi,
difera dŵr o bob to
ac yna disgynna bargod o eira â chnoc).

Yn *Kristall* (Crisial) nid cri'r eryr ond ei ehediad sy'n galw
ar y ffawydd sydd mor nodweddiadol o Bwcofina:

> . . . rote Buchen, schlank und kühn
> hör'n auf den Adler dessen Flug sie ruft
> und steigen immer höher himmelan.

> (Gwranda ffawydd cochion tenau ac eofn
> ar yr eryr y mae ei ehediad yn galw arnynt
> a dringant yn uwch byth tua'r nef).

Yn *Der Kelch* (Y Cwpan) ceir cymhariaeth: ". . . seine
Lichter tanzen, drehen, wiegen / so hell wie
Tausendschlittenglöckleinklang" (. . . dawnsia ei oleuadau
gan droi a siglo / mor loyw â sŵn mil o glychau bach sled)
ond yn *Kastanien* (Castanau) dywed am rai llathraid: "hör'
ich sie wie perlende Etüde" (fe'u clywaf fel *études* yn pefrio).

Yn y gerdd *Sonett* (Soned) ceir symudiad o gymhariaeth
â cherddoriaeth i'w heffaith arni hi:

> Schau, dort kommen Melodien
> durch den Tag gezogen.
> Wie den Sang gespannter Bogen
> höre ich ihr Tönen ziehn.
>
> . . .
> Und so steh' ich und klinge ich,
> voll von Sehnsucht die verblich
> und die weinend schied.

(Edrych, draw daw melodïau
wedi'u tynnu trwy'r dydd.
Clywaf sut y symuda eu seiniau
ar hyd y bwa tyn hir.

. . .

Ac felly y saf a seinio
yn llawn hiraeth a bylodd
ac yn wylofus a ymadawodd.)

Gellid dweud bod Selma yn fardd i feirdd gan ei bod yn myfyrio ar y profiad creadigol, fel y gwelir yn *Sehnsuchtslied* (Cân o Ddyhead), lle mae'n sôn amdani ei hun fel cerddor neu gyfansoddwr:

Leise schlägst in deinem Lied du einen Ton an –
und dir ist, als fehlte noch etwas.
Und du suchst verwirrt bei allen Tönen,
ob sie dir nicht sagen können,
wo's zu finden, wo und wie und wann . . .
Doch der Eine ist zu blaß
und zu lüstern ist der Zweite
und der Dritte ist voll mit Weite –
viel zu voll.

(Rwyt yn taro nodyn yn ysgafn yn dy gân
a theimlo fel petai rhywbeth yn eisiau.
Ac rwyt yn ceisio'n ddryslyd gyda phob nodyn
lle y mae i'w gael, lle a sut a phryd . . .
Ond mae'r cyntaf yn rhy aneglur
a rhy fasweddus yw'r ail . . .
ac mae'r trydydd mor llawn pellter –
yn orlawn).

Â Selma rhagddi i ddisgrifio sŵn yn nhermau lliw:

xxii

. . . Wenn ihn deine Hände fänden,
fiele ab von deinem Lied der Bann,
wäre das Ende nicht mehr leer und grau.

(Petai dy ddwylo ond yn dod o hyd iddo,
byddai'n torri'r hud ar dy gân,
ni fyddai'r diwedd mwyach mor wag a llwyd.)

Ysgrifennodd eiriau Almaeneg, *Schlaflied für die Sehnsucht* (Hwiangerdd i Ddyhead), i alaw cân Iddewig, *Die Zun iz fargangen* (Mae'r haul wedi machlud) gan Mordkhe Gibirtig (1887-1942), prawf pellach bod barddoniaeth a cherddoriaeth ynghlwm yn ei meddwl. Disgrifia von Rezzori sut y byddai'n clywed sŵn recordiau o ganeuon Iddeweg poblogaidd yn dod o hen beiriannau â chorn o'r adeiladau lle'r oedd yr Iddewon tlawd yn byw.[*] Diwedda'r gerdd olaf o'i heiddo i oroesi, *Stefan Zweig*, cerdd am fywyd a dyhead: ". . . dann klingt es aus wie ein Nachtigallied" (. . . yna distawa fel cân yr eos).

Gosodwyd nifer o gerddi Selma ar gân gan sawl cyfansoddwr, prawf o natur afaelgar ei gwaith.

Cyfieithiadau

Fel sy'n gweddu i fardd amlieithog, cyfieithwyd gwaith Selma i nifer o ieithoedd: Iddeweg (1978), Hebraeg (1983), Saesneg (2008), Iseldireg (2005), Sbaeneg, Wcraineg (2012), ac nawr i'r Gymraeg. Arbennig o ddiddorol yw'r cyfieithiad i Wcraineg gan ei fod yn agor y drws i ddiwylliant na chafwyd llawer o sôn amdano yn ystod y cofnod Sofietaidd.

Ymhlith y sialensau sy'n codi wrth gyfieithu o'r Almaeneg i'r Gymraeg mae un yn amlwg: mae'r Almaeneg yn iaith SVO, sef goddrych, berf, gwrthrych, lle mae'r

---

[*] von Rezzori, *The Snows of Yesteryear*, t. 123.

Gymraeg yn iaith VSO, berf, goddrych, gwrthrych. Ni cheisiwyd yma atgynhyrchu'r odli a ddefnyddiodd Selma yn y rhan fwyaf o'i cherddi ond yn hytrach cyfleu eu swyn drwy rythm gan greu llinell gerddorol; defnyddiwyd cyflythreniad a chyseinedd, lle'r oedd hynny'n bosibl heb ystumio'r ystyr yn ormodol, i glymu'r cwbl ynghyd. Ceisiais gofio y disgrifiad o Paul Celan yn darllen ei gerddi fel llafarganu, o dan ddylanwad y synagog, mae'n debyg.

Cymerwyd *Teebluten* (Blodau Te), teitl un o'r adrannau, fel symbol ar gyfer un o'r lluniau ar y clawr; bwndeli a wneir o ddail te ac ambell flodyn sy'n ymagor wedi tywallt dŵr berwedig arnynt ydynt; gwyddys bod pob math o nwyddau ecsotig i'w cael yn Czernowitz, a'r tebyg yw i Selma weld y fath ryfeddod yn nhai cyfeillion iddi. Gellir dweud bod cyfieithu ei cherddi i'w cyflwyno i bobl nad ydynt yn medru eu darllen yr iaith wreiddiol ar ei orau yn cyflawni'r un wyrth o beri i'w cherddi ymagor i'r darllenydd. Wrth gyflwyno cân i Selma dywed Herman van Veen, "Ich trage die Texten im Herzen, denn irgendwo in den Worten gibt es sie noch, sie ist da, ganz da." ('Cariaf ei thestunau yn fy nghalon oherwydd rywle yn y geiriau mae hi i'w chael o hyd, mae hi yma, yn bresennol.')[*]

Mary Burdett-Jones,
Gorffennaf 2024, ar adeg o obaith
y daw diwedd i'r rhyfel yn Gaza.

---

[*] "*Selma Wunderkind*", at https://www.youtube.com

Selma Merbaum

Cerddi 1939-1941

Gilu

Cadwyn o bobl gwridog, wedi'u cyfareddu,
nad oes ganddynt nod ond blino'n lân –
Gilu . . .
Gollyngwn yr holl egni a gronnwyd ynom
yn y gorfoleddu, y canu, y sathru . . .
i bobl y tu allan gall y ddawns hon
    ymddangos
yn ddim mwy na sgrechian afreolus
    a stampio –
i ni mae'n symbol o'n bywydau, ein
    dymuniadau:
"Rhyddid ym mhob gwlad!"
Ac wrth i'r siglo ysgafn ar y dechrau –
yn ôl ac ymlaen, yn ôl ac ymlaen –
yn sydyn ymollwng yn ddawns wyllt
gan dynnu pawb gyda hi –
pawb yn chwerthin ac yn canu ac yn
    gorfoleddu –
yn dawnsio a dawnsio
petai ein bywydau yn dibynnu arno . . .
yn y diwedd mae'r ymgordeddu'n llacio
ac rydym yn flinedig, yn gryg ac yn fyr ein
    gwynt –
ond yn hapus!

Mai neu Fehefin 1939

Gilu: Dawns; ystyr y gair Hebraeg yw
"llawenhawn/gorfoleddwn".

Castanau

Gorweddant ar y llwybr llithrig gloyw
yn flinedig, gwasgaredig,
yn winau ac yn gwenu fel ceg feddal,
yn llawn a llathraid, yn annwyl a chrwn;
fe'u clywaf fel *études* yn pefrio.

Wrth gymryd yn fy llaw
un feddal fel plentyn bach tyner,
meddyliaf am y goeden ac am y gwynt,
sut y canai yn isel trwy'r dail;
rhaid bod y gân ddistaw hon i'r castanau
fel yr haf a ymadawodd yn ddiarwybod
gan adael dim ond y sŵn hwn yn ffarwel olaf.

Ond nid gwinau a llathraid fel y lleill
mo hon yn fy llaw,
mae'n bŵl a chwsg fel y swnd
sydd yn llithro gyda hi trwy fy mysedd.
Yn araf deg, yn ddigyfeiriad
y gadawaf i'm traed fesul cam gerdded.

23.IX.1939

4

Tawelwch

Nofia tawelwch a chynhesrwydd yn yr ystafell
fel aderyn mewn dŵr gloyw
ac ar y bwrdd bach du gorwedd yn dawel
y lliain bach tenau a thyner fel persawr.
Gwylia'r gwydr llawn dŵr clir fel breuddwyd
rhag ofn i'r gloch fach yn ei ymyl ganu
ac aros, debyg, am y pysgod bach.
Tywynna'r ceian yn yr ystafell
fel petai hi yno'n frenhines.

Ymddengys fod y tawelwch er ei mwyn,
a dim ond y botel o win melys
sy'n fflachio'n dawel ac fel petai'n gorchymyn
    iddi.
Ond mae hi'n hofran ar ei choesyn gwyrdd,
yn denau fel gwisg yr angel ym mreuddwyd
    plentyn
a mesmereiddia ei phersawr melys lleddfol
fel petai am ddeffro'r Rhiain Gwsg o'i hun
    chwedlonol.

Edrycha'r ffenestri ar y stryd gan goelio bod
popeth yno dim ond wedi'i wneud er eu cyfer.
Disgleiria'r drych ac ynddo tica'r cloc,
o'r pentref pell clywir clochdar ceiliog
a chlyma cordyn glas y llenni.
Disgwylia'r ceian â'r pigau tyner coch
am yr heulwen sydd trwy'r agennau
heddiw yn ei gwisgo â llwch aur.

24.X.1939

Mynd am Dro

. . . cymaint o ieir a chi bach gwyn
a'r wybren yn lliw siriol ac amrywiol –
ymddengys y goeden foel fel drychiolaeth
a thai llwyd fel petaent heb nerth . . .
Hongia perlau bach glaw o'r canghennau
a sudda'r mynyddoedd pell mewn
    distawrwydd dwfn.

Nid yw'r caeau ond yn dyweirch brown tywyll
gyda thamaid o wyrdd melynaidd yma a thraw
ac adar y to twp, haerllug ac eofn
yn rhedeg drostynt draw fel plant gwallgof . . .
Pell iawn yw'r ddinas a'i thyrau niferus
y mae tai yn esgus ymosod arnynt,
mae fel hen lun o chwedl.
Mae'r gwynt yn ysgafn ac mor llawn dyhead
y mae dyn yn disgwyl gweld ehedyddion glas
ac am deithio mewn cychod cul.

Yna saif serenllysiau gwyn a phur,
fan draw bresychen ifanc fach –
maent fel parasol wedi'i anghofio
yng nghanol strydoedd dan drwch o eira.
Mae'r ysgyfarnog sy'n cerdded heibio yn
    methu deall:
tebyg bod yr haf wedi dychwelyd.

29.XI.1939

Lliwiau

Mor las y gorwedd yr wybren uwch yr eira
    gwyn
ac mor ddu y mae'r ffynidwydd gwyrdd
y mae'r iwrch sy'n tawel wibio heibio
mor llwyd â phoen diddiwedd
y dyheai dyn am gael gwared ohono.

Crensia camau yng ngherddoriaeth yr eira
a thasga'r gwyntoedd y plu yn ôl
ar y coed yn eu gwisg wen.
Saif y meinciau yn freuddwydiol.

Syrthia goleuadau gan chwarae â chysgodion
mewn dawnsiau cylchol tragwyddol.
Disgleiria'r llusernau pell â goleuni
a fenthycant gan yr eira a'i olau pŵl.

18.XII.1939

Dail Crin

Yn sydyn peidia atsain fy nghamau,
siffrydant yn dawel, dawel
fel y ffordd ddagreuol
y canaf yn drwm gan ddyhead.
O dan fy nghoesau blinedig
yr wyf yn eu codi fel mewn breuddwyd
gorwedd dail o'r goeden fawr
yn farw ac yn wylofus.

24.XII.1939

Cân [I]

Gwnaethost ti fy mrifo heddiw.
O'n cwmpas nid oedd ond distawrwydd,
distawrwydd ac eira.
Nid oedd yr wybren fel asur,
eto'n las ac yn llawn sêr.
Seiniai cân y gwynt o'r pellafoedd.

Buost ti yn achos poen i mi heddiw.
Roedd tai wedi'u gwynnu gan eira
a'u gwisgo gan aeaf.
Cafwyd cord trydydd isel
yn atsain ein camau.
Udai seirenau trenau am yn hir . . .

Roedd heddiw yn ysblennydd,
hardd fel uchelfannau dan drwch o eira
wedi'u boddi yng nghylch gwridog y machlud.
Gwnaethost ti beri poen i mi heddiw.
Heddiw dywedaist wrthyf am fynd.
Ac euthum.

25.XII.1939

Deilen Grin

Gorwedd y ddeilen denau felen
ar y ddalen felynaidd,
yn drist, yn dyner
ac yn bŵl fel golwg dagreuol i'r pellter.
Mor dyner o hyblyg yw'r coesyn
y mae dyn yn hanner disgwyl
y daw dillad tenau i arwisgo'r ffigur.

Ac mae'r ddeilen fel cân yn y cywair lleiaf
gan yr atgof o'r hydref,
fel plentyn sy'n tybio yn drist
ei fod yn sâl ac ar farw,
mor felys ac yn llawn poen wedi'i ffrwyno.
Felly hefyd yr eira olaf . . .

1.II.1940

Y Cwpan

Saif yno mor ddisglair a thenau
â merch noeth wedi codi o'r mor
a dawnsia ei oleuadau gan droi a siglo
mor loyw â sŵn mil o glychau bach sled.
Oer yw'r gwydr a llyfn fel dwylo merch
sydd yn nofio uwch yr allweddi yn canu'r
  chwedl
am y tywysog a ymgodymodd â draig.

1.11.1940

Gwanwyn

Yr haul. Ac o hyd ychydig o eira wedi hanner
   toddi,
difera dŵr o bob to
ac yna disgynna bargod o eira â chnoc,
disgleiria'r strydoedd yn y llyfnder gwlyb,
a glaswellt y tu ôl i ffensys uchel
fel iwrch sydd bron â dychryn . . .

Yr wybren. A glaw mwyn cynnes yn disgyn
ac yna ci yn cyfarth heb na synnwyr na rheswm,
cot agored yn cwhwfan,
ffrog denau yn sefyll allan fel chwerthiniad,
ychydig o eira gwlyb yn llaw plentyn
ac yn y llygaid disgwyliad y meillion cyntaf –

Gwanwyn. Dim ond nawr mae'r coed yn hollol
   foel
a phob llwyn fel sain ysgafn
yn newyddion cyntaf o lawenydd newydd.
A fory bydd y gwenoliaid yn dychwelyd.

7.III.1940

Prynhawn

Canghennau tenau yn codi'n llenni arallfydol
o foncyffion main bedw
ac mae'r distawrwydd fel mewn defod,
fel petai am argáu'r wybren las
i'w rhwystro rhag ymarllwys yn rhy bell i
    ganiad yr adar.
Llwybrau llwyd gwlyb. A choeden ifanc yn
    ei blodau
fel petai newydd ddehongli'r ddaear.

Glaswellt gwyrdd prin wedi egino.
Yr holl ffynidwydd newydd lasu
ac iâr fach yr haf denau felen yn meiddio
clwydo ar fainc feddw gan haul.
Nid yw'r gwybedyn gwyrdd yn fodlon:
onid yw'r haul dim ond iddo ef?
Dim ond y ddraenen ddu sy'n sibrwd: na!

16.IV.1940

Prynhawn Hwyr

Syrthia cysgodion hir ar y llwybr golau
ac anfona o hyd yr haul ei gynhesrwydd
  olaf yn ffarwel
ac mae trydar main aderyn yn swnllyd
fel petai'n dwyn rhywbeth o'r
  distawrwydd.
Mae pobl ddeg cam i fwrdd
fel petaent o fydoedd cwbl ddieithr
ac mae dyn bron yn edliw i'r dail crin
am siffrwd a tharfu ar belydrau olaf yr
  haul.
Nid yw dyn ond am glywed y fioledau yn
  tyfu.

16.IV.1940

Glaw

Rwyt yn cerdded ac mae'r asffalt yn sydyn
  yn wlyb
ac yn sydyn mae gwyrddni'r coed yn ffres
ac mae aroglau fel gwair newydd
yn dy daro yn dy wyneb poeth a gwelw
sydd wedi bod yn aros am y glaw hwn.

Mae'r glaswellt llychlyd, blinedig a dilewyrch
nawr yn pwyso lawr hyd at y ddaear,
yn gwylio yn llawen y wennol sy'n hedeg yn
  agos
ac yn ymddangos yn sydyn yn falch.

Ond rwyt ti yn cerdded yn unig ac ar dy ben
  dy hun
heb wybod a ddylet chwerthin ynteu crïo.

Ac yma a thraw disgleiria pelydrau'r haul
fel petai'n gwarafun dim i'r glaw.

Mai 1940

Gwallt

Gêm goleuadau. Cudynnau llawn a llyfn yng
   nghanol y talcen tanbaid.
Afreolus, deniadol, dim ond er mwyn ei
   lyfnu tuag i fyny.
Lliw sylfaenol euraid yn union fel y
   ffrwythau meddal trwm
sy'n blaguro ar ganhwyllau tal.
Goleuadau nos sydd yn ymarllwys gan
   wenu,
yna yn sefyll gan fflamio eto.
Yma a thraw llyweth liw rhwd
fel petai'r hydref am aros.
Pigau bach lliw ŷd
fel y bo'r holl deyrnas yn sefyll yn syth
a phawb yn ei weld wedi'i gadarnhau
fod brenin y trysorau hyn yn sefyll yn syth.
O bell mae'n edrych fel petai
ffortun yn chwythu i'th gyfeiriad.

18.X.40

Galar

Adlewyrchir goleuadau mewn pyllau glaw
    lleidiog,
hwythau'n felyn a seimllyd, yn fwdlyd a
    thrwm.
Ni thycia ffenestri gloyw tai.
Atseinia drysau gan wacter.

Gorwedd y niwl yn flinedig ar y strydoedd
a llifa'r glaw o hyd.
Mae pobl yn rhy drist i gasáu ei gilydd
ac yn rhywle pesycha plentyn.

Gorwedd dail yn pydru yn y gerddi,
saif meinciau yn drist, yn wlyb a llwyd,
daw'r haul yn anfynych ac yn hwyrach o hyd,
nid yw'r lleuad yn malio am oleuo.

Treiddia goleuni pŵl y dydd o hyd trwy'r niwl,
yn drist a llwyd, yn ludiog o drwm.
Tincia sabr y gwarchodwr cysglyd
a chryna aderyn gwlyb.

Saif ceffylau tenau ac arnynt eisiau bwyd
gan ageru, eu llygaid yn flinedig.
Nid yw'r ceirch gwlyb wedi'u gwasgaru
ar y ddaear wleb yn dda i ddim.

Sleifia cath wleb
ar hyd wal wedi llwydo.
Gyda'i goler ffwr wedi'i chodi
edrycha'r ffermwr a oes ganddo ddigon o arian.

6.XII.1940

Crisial

Mae'n hollol dawel a gorwedd llawer o ddail crin
fel aur coch yn ymdrochi yn yr haul.
Glas dwys yw'r wybren
ac ymdonna cymylau gwyn.
Anadla rhew gloyw lwydrew ar goed.

Saif ffynidwydd yn ir a gwyrdd
a phwyntia eu copaon tua'r awyr.
Gwranda ffawydd cochion tenau ac eofn
ar yr eryr y mae ei ehediad yn galw arnynt
a dringant yn uwch byth tua'r nef.
Saif meinciau unig yma a thraw
ac mae'r haul wedi dewis ychydig o laswellt
sydd eisoes yn dechrau rhewi yn gariad iddo.

8.XII.1940

Cân o Ddyhead

Rwyt yn taro nodyn yn ysgafn yn dy gân
a theimlo fel petai rhywbeth yn eisiau.
Ac rwyt yn ceisio'n ddryslyd gyda phob nodyn
lle y mae i'w gael, lle a sut a phryd . . .
Ond mae'r cyntaf yn rhy aneglur
a rhy fasweddus yw'r ail . . .
ac mae'r trydydd mor llawn pellter –
yn orlawn.

Rwyt yn chwilio'n hir – a'r lleiaf, y mwyaf a'r lleiaf
yn dod yn fyw dan dy ddwylo.
Rwyt yn taro allwedd yn sydyn
ac – ni ddaw nodyn.
Ac i ti mae'r distawrwydd fel dirmyg myglyd
gan dy fod yn sydyn yn ei wybod yn iawn:
mae arnat eisiau hwn. Petai dy ddwylo ond yn
  dod o hyd iddo,
byddai'n torri'r hud ar dy gân,
ni fyddai'r diwedd mwyach mor wag a llwyd.

A chyffyrddi di o hyd â'r allweddi –
gofyn i ti dy hun lle mae'r ataliaeth,
ceisio a fedri di drechu meddalwch dy ddwylo,
cardota dy lygaid yn llawn dyhead.
Ni ddaw nodyn. Erys unigrwydd yn westai
yn y gân sydd mor drwm ac yn melys aeddfedu
    ynot.
Nawr bydd ofn y nodyn nas trawyd arnat am byth,
ofn y llawenydd na wnaeth ond cyffwrdd yn
    ysgafn â thi
yn y nosau tawel, pan sigla'r lleuad di
ac ni ddealla'r distawrwydd dy ddagrau.

9.I.1941

Hwiangerdd

Cwsg fy mhlentyn bach, cer i gysgu,
felly cwsg a phaid â wylo.
Fe weli fod y byd yn eiddo iti,
felly cer i gysgu a phaid â wylo cymaint.

Cau dy lygaid a mynd i gysgu,
gwranda ar sut mae'r coed yn siffrwd.
Yn dy gwsg does dim casineb na dirmyg,
yn dy gwsg nid yw hi'n oer.

Cwsg, 'nghariad, a gwenu, bach,
gwranda ar yr afon yn canu ei chân.
Cwsg ac yna cân y gwynt i ti am lawenydd
a chanu i ti am y gwanwyn yn ei flodau.

Cwsg, fy mhlentyn, ac anghofio dy boen,
mae'r dydd i ti yn dywyll.
Golau yw'r nos pan fydd breuddwydio yn
  cofleidio,
felly cwsg, fy mhlentyn bach, cwsg.

Ionawr 1941

Suo-gân

Gwranda ar y saethu acw yn y nos –
efallai fod dy dad eisoes wedi marw!
Wedi marw ac ni weli di ef pan chwardda
na'i weld mwyach pan fygythia.

Edrych draw ar yr arswyd yn y coed –
efallai fod dy dad ar farw nawr!
Efallai y byddi di'n blentyn amddifad
a'i gorff yn y man wedi'i ddatgymalu . . .

Ei wefusau wedi'u rhwygo a'i wallt,
hefyd ei ddwylo wedi'u rhwygo –
a hynny i gyd o fewn blwyddyn
a llawenydd wedi troi'n fwg.

Edrych, mae'r Arabiaid mewn gwisgoedd
  gwyn
yn sleifio allan o'r gefnwlad.
Cyn bo hir bydd y babell a'r crud ar dân,
yn fuan sgrechia cleifion yn wallgof!

Ond na. Bydd dy dad a llawer un arall
yn amddiffyn dy lawenydd.
Maent yn rhoi eu bywydau
a'u golwg olaf er dy fwyn.

Ymladdant beunydd a'r aradr yn y llaw
ac yn dy warchod gyda'r nos.
Ymladdant beunydd â chorsydd a thywod,
a chyda'r nos yn dy warchod.

Ionawr 1941

Hwiangerdd i mi fy hun

Rwyf yn fy siglo fy hun o hyd
gyda breuddwydion ddydd a nos
ac yfed yr un gwin sy'n lleddfu poen
â'r hwn sy'n cysgu ac yntau ar ddi-hun.

Canaf o hyd i mi fy hun
gân o obaith ac o lawenydd,
canaf fel yr hwn sy'n cerdded ac yntau
  heb weld
nad yw byth yn medru dychwelyd.

Adroddaf o hyd chwedl i mi fy hun,
chwedl o gymhlethdod cariad,
adroddaf hi i mi fy hun heb gredu
na all y diwedd fod ond yn siomedig.

Canaf o hyd i mi fy hun alaw
y dyddiau sydd wedi mynd heibio
gan fy rhyddhau fy hun o'r gwirionedd
ac ymddwyn fel petawn yn ddall.

Chwarddaf o hyd am fy mhen fy hun,
yn esgus mai gêm ydyw. Eto gwaeaf
freuddwydion mor ddryslyd a chrebachlyd
nad oes iddynt unrhyw nod.

Ionawr 1941

Mwclis Dagrau

Mae'r dyddiau'n pwyso'n drwm ac yn fwll, yn
llawn poen ac ofn. Rwyf mor oer a gwag nes
bron darfod gan ofid.

Hedfana'r adar ganol dydd, maent eisoes yn bell.
Ni welaf serenllys yn blodeuo a hedfana'r pili-
pala olaf i ffwrdd, addurnir y mynyddoedd gan
hydref.

Gorchuddir fi gan ddyhead, dyheaf amdanat ti.
Atseinia fy nghân o ddyhead trwy'r byd a thrwof i.

Cyfeilir fy nghân gan y glaw sy'n siffrwd yn
undonog. Swynir yr hwn a glyw gân y glaw gan ei
phoen a hefyd clyw atsain fy nghân innau.

Dim ond ti, ni chlywi di hi – o, tybed paham? Ac
os bydd fy nghân yn chwalu'n aflafar, byddi di'n
dal yn oer ac yn fud.

Nid oes gennyt ots os bydd pob coeden yn ymbil
gan gydymdeimlad: gwranda! Cerddi di heibio,
prin yn edrych arnaf, fel pe na baet yn gwybod
am fy mreuddwyd ac nad yw yn pwyso arnat. –

Ac eto rwyt yn ofidus ac yn welw fel un sy'n deall,
un y mae ei ochenaid yn ei dagu ac yn ei lethu.

Ond ceir poen yn d'olwg a dioddefaint o gwmpas
dy wefusau. Rwyt wedi colli llawenydd na ddaw
byth yn ôl ac rwyt ti 'wedi dy ryddhau'.

Ie, pwysai llawenydd yn drwm arnat, fe wnaethost
ei wasgaru yn wyllt o sydyn, nawr mae dy ddwylo
yn wag, dim ond unigrwydd yn eu llenwi.

Felly rwyt yn sefyll yno gan syllu'n herfeiddiol yn
ôl – a dweud rhywbeth nad wyt ti wir yn ei gredu
– naw wfft i lawenydd!

Ac yna, ac yntau wedi hen ymadael, rwyt yn sefyll
yno gan syllu'n tuag ato – yna rwyt yn dyheu mor
angerddol amdano, nid wyt bellach yn ddifater,
yn sydyn rwyt yn effro.

Ond ni ddaw yn ôl – oherwydd nad wyt am alw
amdano, ni waeth pa mor drwm yw'r gwacter a
bod dy gefn yn torri o dan ei bwysau.

Felly dygwn yr un dioddefaint, y ddau ohonom yn
unigol. Coronir fi gan dlws trwm dagrau a
thithau gan faen gwerthfawr dyhead.

A chân y gwynt i ni ein dau ei chân dragwyddol o
ddyheu ac ymwrthod, ond er bod ofn hyd at
angau arnat, nid wyt yn galw amdanaf.

6.II.1941

Cân o Lawenydd

Gorwedd yr iâ yn drwm a gwyn
gan rwystro pob symudiad.
Er i'r afon orwedd yn dawel a disymud
hoffai'n wir ewynnu yn wyllt ac yn boeth.
Ac ni all unrhyw donnau fyrlymu,
ni fedrant glywed cân y gwynt,
cysgant wedi crymu mewn gofid dwys
hun ddrwg, drwm y gaeaf.

Hongia'r haul blinedig yn yr awyr lwyd,
gorwedd yr eira yn wyn ac yn flinedig.
Mae popeth yn farw a blinedig, heb aroglau,
a wyla coeden dan lwyth o eira gan boen.
Tynna'r afon ar ei llyffetheiriau, ni fyn ddim
    rhew,
côd yn ddiobaith yn wyllt a phoeth,
yn ysu am ewynnu'n wallgof i'r glesni,
o hyd yn rhy danllyd i fod yn farw.

Un diwrnod clywir cog
a goleua'r haul yn sydyn,
diflanna'r eira fesul pentwr,
gwna'r afon un herc olaf
gan dorri'r gorchudd trwm gwyn o iâ
a gorlifo yn doreithiog allan ohono –
llawenha wrth weld gwrych rhosynnau sydd o
    hyd yn foel –
ewynna a rhua gan chwerthin am ben y
    fflochau iâ.

Mae'n chwerthin ac ni fyn ymatal,
seinia a llifa yn llawn hwyl –
ymddengys yr haul mor gynnes ac mor dda,
blodau'r gwanwyn yn torri allan o bob plyg
    o'r ddaear
a pherthi bychain eisoes yn dechrau glasu.
Gorlifa'r afon ei glannau gan olchi'r ddaear
a chyfarch praidd gwyn cyfarwydd
na chredai y gwelai ef eto.

11.II.1941

Y Storm

Saif llwyn rhosynnau yn d'ardd
nad yw eto wedi dechrau glasu.
Ac rwyt yn ysu am gael gweld
y blaguryn cyntaf yn dod, un tyner a thenau,
yn cyhoeddi bywyd newydd.
Rwyt yn aros ac yn crynu gan ofn –
nes daw bore – ac mae yma.

Ac mae mor fain a thenau a golau,
ar gau o hyd a phrin i'w weld
ac rwyt am iddo ymagor yn syth, yn ymwybodol
mor sydyn y medr y tyneraf ddarfod.
Ond gwibia diwrnod heibio ac un arall,
a'r wybren yn lasach, yn ehangach
ond nid yw'r blaguryn yn ymagor.

A gwyddost petai llwydrew y byddai'n marw,
marw heb erioed fyw.
Hoffet helpu heb wybod sut,
mae arnat ofn i wynt godi
a fyddai'n ei dorri o'r goes
gyda'r nos, a thithau yn cysgu heb ei weld
ac erbyn y wawr y byddai eisoes yn farw.

Daw nos a gwyntoedd yn rhuo o gwmpas dy dŷ,
o gwmpas y tŷ a'r drysau ar glo.
Ac rwyt yn codi ac am fynd allan
ac mae sŵn fel griddfan yn dy glustiau.
O'r diwedd rwyt y tu allan ac yn edrych ar y llwyn –

Edrych – mae'r blaguryn wedi ymagor.
Yr hyn na fedrai haul wythnosau ei wneud
mae un storm wedi'i gyflawni.

Mawrth 1941

A wyddost ti?

A wyddost ti sut y cân y frân?
A sut na ŵyr y nos welw gan ofn
i ble i ffoi?
Sut na ŵyr mwyach wedi brawychu
ai ei theyrnas hi ydyw ai nad ydyw,
a berthyn i'r gwynt neu yntau iddi hi
ac onid yw'r bleiddiaid â'u blys
yn barod i rwygo?

A wyddost ti sut yr uda'r gwynt main
ac na ŵyr y goedwig welw gan ofn
i ble i ffoi?
A sut na ŵyr mwyach wedi brawychu
ai ei theyrnas hi ydyw ai nad ydyw,
a berthyn i'r glaw ynteu i'r nos
ac onid angau yn chwerthin yn arswydus
sydd yn feistr aruchaf arni hi?

A wyddost ti sut y wyla'r glaw
a sut y cerddaf yn welw gan ofn
heb wybod i ble i ffoi?
Sut na wn mwyach wedi brawychu
ai fy nheyrnas i ydyw ai nad yw,
a berthyn y nos i mi ynteu a wyf yn eiddo iddi hi
ac onid fy ngheg welw ŵyr
sydd mewn gwirionedd yn wylo?

4.III.1941

30

Chwedl

Felly dyna'r diwedd, mae'n debyg.
Wyla'r glaw a wyla'r nos
a wyla fy ngheg am gusan
a wyla a wyla – a chwardda.

Felly y mae pob chwedl yn diweddu –
oherwydd fel arall – nid yw'n wir:
dyn ar ei ben ei hun yn strem y gwynt
a'r nos iddo yn allor.

A dyhead yw ei offeiriades:
mewn gwisg laes las
penlinia wrth ei draed
ac mae mor bell . . . mor bell . . .

Mor bell ag y mae fy llygaid –
ar goll mewn coedwig,
chwaraeant yn ddall a marw gyda'r
    gwynt,
a minnau, rwy'n flinedig ac yn oer.

Mae'r ffyrdd mor hir, yn ddiddiwedd.
Felly hefyd fy nyddiau
ac mae ofn ar y holl goed,
pob llwyn yn drwm gan law.

Cydgerddaf â'r nos,
yr un mor unig â hithau.
Wyla'r glaw a wyla'r gwynt –
amdanaf i ynteu amdani hi?

7.III.1941

31

Y Glaw wyf i

Y glaw wyf i a cherddaf o gwmpas
yn droednoeth o'r naill wlad i'r llall.
Chwery'r gwynt yn fy ngwallt
â'i law fain, frown.

Mae fy ngwisg denau o we cor
yn welwlasach na thristwch llwyd.
Rwyf yn unig. Dim ond yma a thraw
y chwaraeaf gyda iwrch sâl.

Daliaf yr holl linynnau yn fy llaw
ac arnynt yn rhesi
yr holl ddagrau a dreiglodd erioed
lawr gruddiau gwelw merch.

Rwyf wedi'u dwyn i gyd
oddi wrth ferched tenau, yn hwyr y nos
pan fyddant law yn llaw â dyhead
yn effro ar y ffordd hir.

Y glaw wyf i a cherddaf o gwmpas
yn droednoeth o'r naill wlad i'r llall.
Chwery'r gwynt yn fy ngwallt
â'i law fain, frown.

8.III.1941

Ceianau Cochion

Mae arnaf ofn. Pwysa tywyllwch pob nos fwll
    arnaf. Mae mor dawel a thaga ysblander y
    distawrwydd mawr fi.

Pam, o pam nad wyt ti ddim yma? Rwyf wedi
    chwarae, mi wn – maddeua i mi. Chwaraeais
    â'm hapusrwydd – fe dorrodd – maddeua.

Mae bod ar fy mhen fy hun yn brifo gymaint.
    Felly, dere yn ôl, rwy'n aros amdanat. Wrth
    chwerthin byddwn yn hapus eto, felly coelia fi
    a dere yn ôl – mae cymaint i'w chwerthin
    amdano.

Edrych arnaf. On'd yw fy llun yn d'olwg bell o
    hyd? Rwy'n dyheu amdanat fel y bydd y
    rawnwinen aeddfed am gael ei phigo.

Mae fy ngwallt yn aros amdanat. Ac mae fy
    ngheg am iti chwarae eto â hi. Edrych – mae
    fy nwylo yn erfyn arnat eu lapio yn dy ddwylo
    di.

Maent yn dyheu am dy wallt ac am dy groen, fel
    y bydd plentyn yn dyheu am freuddwyd na
    welodd ond unwaith.

Edrych, mae'n wanwyn. Ond mae'n ddall –
    mae'n wylo o hyd. Cyhyd ag yr ydym ar
    wahân, wyla fel y gwynt y mae'r coed anwylaf
    iddo yn gwywo.

Edrych, mae popeth yn aros amdanom:
   disgwylia'r holl ffyrdd, yr holl feinciau.
   Disgwylia'r holl flodau dim ond i mi eu pigo
   a'u rhoi'n rhodd i ti.

Rwyt yn dal y sêr sy'n eisiau o hyd ar ein llinyn
   yn dy law. Nid wyt wedi addurno merch arall
   â nhw. Ac os nad wyt yn dod o hyd i linyn
   newydd iddynt, fydd gennyt a'th ddwylo yn
   llawn ddim modd gwneud.

Edrych – ein llinyn ni, mae'n aros o hyd. Rwyf
   wedi ei godi'n dyner. Nid oes eisiau ond un
   seren ac nid oes yr un estron wedi'i gweu i
   mewn.

Ni ddylem holi am linynnau newydd. Mae'r hen
   un yn hardd a hir o hyd. Ac mae hefyd fil o
   sêr yn dal yn dy law – mae'n gallu cario deg
   mil eto.

Rwyt mor gryf. Hoffwn wir bwyso arnat yn dy
   freichiau. Pe baet yn f'arwain byddwn yn
   cerdded yn gyflym.

A wyt ti'n cofio'r noson honno, roedd yr eira yn
   feddal ac yn seinio'n loyw, pryd cofleidiodd
   dy fraich gref fi a cherddais cyn gyflymed a
   sicr â phe bawn yn fawr fel ti?

O, dere, arweinia fi yn garedig o rwystr i rwystr.
   Ni fyddaf yn blino, mae'n siŵr, yn bendant
   nid wyf mwyach yn fach ac nid oes angen
   gorffwys arnaf.

Ac yna, yn ein pabell gariad, o yna, yna
  chwarddwn, taflwn ein chwerthin gloywaf yn
  wyneb y byd.

Rwyt yn dod, on'd wyt? Ni wylaf ragor. Na, nid
  wyf yn wag mwyach, rwyt yn siŵr o ddod,
  byddi di'n dod yn fuan – ti, fy ngwynt cryf,
  hardd – ei di yn storm a'm cipio gyda thi ar dy
  hynt. —

Rwyf yma o hyd. Mae'r freuddwyd drosodd.
  Rwyf ar fy mhen fy hun – mae fy ngwaed yn
  berwi fel gwin coch. Nid wyt ti yma – er i ti
  fod mor agos ac yn danbaid o felys.

Wyla'r gwanwyn. Wyla amdanom. A fyddi di'n
  gadael iddo wylo am byth?

Rwyt mor dda. Felly, dere yn ôl – dylet fy
  nghofleidio – rydym am fod yn loyw fel
  mewn breuddwyd, rydym am flodeuo fel y
  bydd blodau yn ymagor ar goeden ar ôl
  coeden yn ein hymyl.

Rwyf am chwerthin. Ac yna seinia'r holl awyr –
  seinia'r haul. Seinia'r dŵr, seinia'r nos – felly
  gwranda, rwyf wedi chwerthin er dy fwyn!.

[Gwanwyn ?1941]

35

Ie

Rwyt mor bell i ffwrdd.
Mor bell â seren y tybiais y gallwn gydio
    ynddi.
Ac eto rwyt yn agos –
dim ond ychydig yn llychlyd
fel yr amser cynt.
Ie.

Rwyt mor fawr.
Mor fawr â'r cysgod o'r goeden acw.
Ac eto rwyt ti yma –
dim ond yn welw fel breuddwyd
yn fy nghôl.

6.V.1941

Y Nos wyf i

Y nos wyf fi. Mae fy llenni
yn llyfnach o lawer nag angau gwyn.
Cymeraf bob poen boeth gyda mi
yn fy nghwch oer du.

Fy nghariad yw'r llwybr hir.
Rydym yn briod am byth.
Rwyf yn ei garu, ac addurnir ef
â'm gwallt sidanaidd du.

Hafal arogl lelog yw fy nghusan –
gŵyr y crwydryn hynny'n iawn . . .
Pan fydd yn suddo yn fy mreichiau
anghofia bob menyw nwydus.

Mae fy nwylo mor gul a gwyn
yr oerant bob twymyn,
pan gyffyrddant â thalcen
gwena yn erbyn ei ewyllys.

Y nos wyf fi. Mae fy llenni
yn llyfnach o lawer nag angau gwyn.
Cymeraf bob poen boeth gyda mi
yn fy nghwch oer du.

6.V.1941

Cân i'r Serenllysiau Melyn

Edrychant yn loyw arnaf trwy'r glaw
mor ddisglair nes iddynt ddisodli'r haul i
    mi.
Ac ni all dim o alar y glaw
ddifetha'r llawenydd llathraid melyn.
Plygant gan chwerthin yn y gwyrddni
sydd yn lân a ffres yn gydymaith i'w
    hiwmor –
rhoddaf fy nghân wrth eu traed
gan iddynt heddiw beri llawenydd i mi.

30.VI.1941

38

Awst

Mae mor oer –
ar lun drychiolaeth
yr eisteddaf yma.
Wyla'r glaw
yn unfryd â mi
ymhell ac yn agos.

Glasa dyhead
adnabyddus,
cyfarwydd iawn i mi.
Mae ynof i
ac yn edrych tuag atat
fel petai dan swyn.

Yn drwm gan ddagrau
ac yn wag fel drychiolaeth
mae fy ngolwg.
Edrych arnat
yn llawn poen
ac ni fedr dychwelyd.

30.VI.1941

Hydref

Nydda'r glaw
ei gân lwyd
o hiraeth
ac o wae trwm.

Yn ddall gan freuddwydion,
wedi galaru ar fod yn unig,
ci wyf fi –
ac af.

Aur gwelw,
ac edrych breuddwyd goch
o gariad arnaf
a distewi.

O'n cwmpas rholia
ewyn disglair –
symuda dyhead –
a chanu'r ffidil.

Mae'r hydref yma
a wyla ar f'ôl
o lygaid
sydd wedi diffodd.

Gwn iddo weld
ffortun yn treio,
gorfu i mi blygu glin –
ac aeth.

30.VI.1941

Cân [II]

Derbyn fy nghân –
nid yw yn un lon,
wyla'r glaw o hyd.
A gŵyr yr hwn sy'n ei weld
yr hyn a oedd
yng ngolwg ffortun.

Mae'r amser disglair
a ddysgodd ni i chwerthin
wedi darfod.
Mae wedi dryllio,
mae rhwygo yn ffynnu –
er i'r byd geisio ei amddiffyn ei hun.

A ddaw yn ôl?
Ni wn yn wir.
Efallai y gŵyr y gwynt.
Mae'n adnabod ffortun,
os nad yw'n torri'n deilchion.
Felly y dywed wrthym yn gyflym.

Ond edrych, mae'r gwynt
yn ei guddio ei hun –
nid yw yma o gwbl.
Yn union fel plentyn
mae'n dal i gredu mai dim ond ef
a ŵyr yr hyn a ddigwyddodd.

Derbyn fy nghân.
Efallai y daw â chwerthin
yn ôl ryw ddiwrnod.
A medd yr hwn a'i darlleno:
fe welaf hi,
gan olygu ffortun.

30.VI.1941

Glaw Hydref

Syllaf ar y tu allan
a gweld – rhaid iti ddeall! –
wyneb galar.
A'r ffordd rwy'n gweld y glaw,
o, nid felly y gweli di ef.

I mi mae'n debyg i'r wylo
sydd yn fy siglo – nos ar ôl nos.
Ac mae hyd yn oed y mwg
mor welw ag y parodd dy lun
i mi fod.

30.VI.1941

Cerdd

Gorlifa golau gwelw y coed,
pefria pob deilen gryn yn y gwynt.
Mae'r nefoedd glas sidanaidd a llyfn
fel gwlithyn wedi'i ollwng gan wynt y bore.
Amgylchyna coch meddal y pinwydd
sy'n plygu o flaen ei fawrhydi, y gwynt.
Y tu ôl i'r poplys edrych y lleuad ar y
    plentyn
sydd eisoes wedi'i chyfarch â gwên.

Yn y gwynt y mae'r llwyni'n rhyfeddod:
maent yn arian dro, a nawr yn wyrdd,
cyn bo hir fel golau'r lleuad ar wallt
    penfelyn,
wedyn fel petaent ar flodeuo eto.

Rwyf am fyw.
Edrych, mor amryliw yw bywyd.
Ceir cymaint o belau hardd ynddo.
Erys cymaint o wefusau, yn chwerthin, yn
    loyw
ac yn mynegi eu llawenydd.

Edrych ar y stryd, sut y mae'n dringo,
mor llydan a gloyw fel petai'n aros amdanaf.
Ac ymhellach ymlaen yn rhywle
yr ochneidia dyhead gan ganu ffidil,
dyhead sy'n mynd trwof i a thrwot ti.
Siffryda gwynt trwy'r coed gan alw
a dweud wrthyf fod bywyd yn canu.
Mae'r awyr yn dawel, yn dyner ac yn oer,
amneidia o hyd poplysen bell.

Rwyf am fyw.
Rwyf am chwerthin a chodi llwythi
ac ymladd a charu a chasáu,
cydio yn y nefoedd â'm dwylo
a bod yn rhydd ac anadlu a chrïo.
Nid wyf am farw. Na.
Na.
Mae bywyd yn goch.
Mae bywyd yn eiddo i mi.
Yn eiddo i ti ac i myfi,
i myfi.

Paham y rhua'r canonau?
Paham y mae bywyd yn marw
ar gyfer coronau gloyw?

Dacw'r lleuad.
Mae hi yna.
Yn agos,
yn agos iawn.
Rhaid i mi aros.

Aros am beth?
Maent yn marw,
pentyrrau ohonynt.
Nid atgyfodant eto.
Byth, byth.
Rwyf am fyw.
Frawd, a thithau hefyd.
Â chwa o anadl
o'm ceg i ac o'th geg di.

Amryliw yw bywyd.
Rwyt am fy lladd.
Paham?
Wyla'r coed
â mil o ffliwtiau.

Mae'r lleuad yn ariannaidd yn y glas.
Llwyd yw'r poplys.
Rhua'r gwynt o'm cwmpas.
Gloyw yw'r stryd.
Yna . . .
Yna y dônt
a'm tagu.
Ti a fi
yn farw.
Coch yw bywyd,
rhua a chwerthin.
Dros nos
byddaf farw.

Daw cysgod coeden
fel drychiolaeth dros y lleuad.
Prin y mae dyn yn ei gweld.
Coeden.
Coeden.
Gall bywyd
daflu cysgod
dros y lleuad.

Bywyd.
Yn bentyrrau
y maent yn marw.
Nid atgyfodant byth.
Byth.
Byth.

7.VII.1941

Hwyrddydd [I]

Glas gloyw yw'r wybren
a chydwena'r cymylau.
Gwylia coed main tywyll neu wyrdd hi
gan ddweud yn ddistaw: edrych.

Gorchuddir popeth gan awyr tyner
sy'n dawel fel petai'n gwrando ar
    chwedl.
Gwranda'r holl adar wedi'u swyno –
ni chlywir dim ond aroglau.

Disgleiria'r cymylau gwyn fel eira
wedi syrthio ar flodau n'ad-fi-yn-angof.
A gorwedd yr un mor las y galar tyner
sy'n llifo dros y coed.

Ai tywyll ynteu gwyrdd yw'r coed?
Ni wyddant eu hunan yn iawn.
Cryna diferyn coch o'r glesni
mewn ffenestr. Blodeuant.

14.VII.1941

Bore

Cân y gwynt ei hwiangerdd
gan siffrwd yn freuddwydiol
ac anwylo'r dail yn ysgafn.
Ymroddaf i swyn y gân a gwrando
a theimlo yn debyg i'r glaswellt.

Cryna'r awelon
gan oeri fy wyneb
wedi'i orchuddio gan ddyhead.
Gwasgara'r cymylau symudol
eu golau gwyn a ddygwyd o'r haul.

Arllwysa'r hen acasia ei distawrwydd
ar ddrysni'r dail crynedig.
Côd aroglau'r ddaear a dringo
ac yna syrthio yn ôl arnaf i.

1.VIII.1941

Cân Glaw

Â canu uwch y glaw yn siffrwd
sy'n atseinio'n llawnach o hyd.
Distawa'r coed hyn yn oed i wrando ar
    y gân
y mae'r wybren lifeiriol yn ei chanu
    iddynt.

Ewynna'r dyfroedd sy'n taro'n rymus
lawr o'r nef i'r ddaear.
Rhuthra'r glaw yn afonydd
yn wyllt o wlyb gan fellt.

Dowcia'r ddaear gan blygu'i chefn
o dan y rhuthr sy'n chwipio.
Llenwir yr aer â rhuo
fel eiddo carnau gyr ar ruthr.

Yna â'r bwrlwm yn sain sisial,
yn furmur o felyster blinedig.
Disgynna ambell ddiferyn ar y toi
fel cusanau meddw llawenydd pell.

1.VIII.1941

Llawenydd

Hoffwn gysgu,
sigla'r gwynt fi
a suo-gân dyhead i mi hyd lonyddwch.
Hoffwn lefain.
Nawr dim ond y blodau
sy'n sibrwd dagrau i mi.

Edrych ar y dail:
disgleiriant yn y gwynt
gan beri imi gredu
mewn breuddwydion.
Ie, a chwedyn
chwardda plentyn
ac yn rhywle gobeithia ffŵl.

Rwy'n dyheu,
efallai am lawenydd?
Am lawenydd.
Hoffwn ofyn:
a ddaw yn ôl?
Ni ddaw byth yn ôl.

18.VIII.1941

Soned

Edrych, draw daw melodïau
wedi'u tynnu trwy'r dydd.
Clywaf sut y symuda eu seiniau
ar hyd y bwa tyn hir.

Paham yr ymroddant
i bawb sy'n sefyll yno?
Oni fedrent flodeuo
dim ond i'r rhai sy'n gweld?

Ac felly yr apeliant ataf i
na fedr mo'u dioddef
gan fy mod mor flinedig.

Ac felly y saf a seinio
yn llawn hiraeth a bylodd
ac yn wylofus a ymadawodd.

18.VIII.1941

Haul yn Awst

Fel symffoni mewn gwyrdd
yn curo gan olau a phersawr ac
    ysblander
yr ymestynna gweirgloddiau a bryniau
yn gyforiog o'r ddawns flodau amryliw.

Gorwedd y llwybrau yn hir yn y gwynt
a phlyga'r holl fedw.
Ac os yw'r gerddi yn anghyfannedd
mae hynny dim ond er fy mwyn i.

Saif y meinciau yma yn ddisgwylgar,
sigla'r glaswellt yn ôl ac ymlaen
ac weithiau ymddengys y nefoedd yn
    agos
a heidiau o adar yn ymfudo.

Ac mae popeth wedi'i orlifo
gan wenu ac unigrwydd.
Anadlwyd aur dros bopeth
a sgrechia pioden.

23.VIII.1941

Sgets Pensil

Cudyn o wallt fel cysgod main ar y talcen
ac uwch ei ben llawnder tywyll sidanaidd.
Y geg – tyst heriol i oerni balch
a bwysleisir gan flew ysgafn du.
Prin y lliniara brown golau'r llygaid ar hyn.
Ymddengys y dannedd cryf, gwyn ymwthiol
yr un mor ystyfnig o wyllt â'r aeliau du.
Ond pan edrycha'r llygaid i'r pellter,
yna bydd pwl o ddyhead yn gymysg â'r
    balchder.
Uwchben côd y talcen yn fwa bas,
a'r trwyn tenau yn parhau â'r uchelgais.
Y gwddf main yn rhan o'r harmoni –
ychydig yn frown, ychydig yn welw – cord
    mwyaf cryf.

28.IX.1941

54

Dwylo

Hardd a chryf, wedi'u cerfio fel petaent o
    faen gwyn
yr oedd pelydryn o haul wedi anadlu bywyd
    iddo
ac yr oedd y rhosynnau harddaf wedi
    benthyca petalau tyner iddynt,
siaradant yn gêm gynnil y bysedd
gyda'r dwylo sy'n ymddiried ynddynt.

Chwery gewynnau fel ymgodymwyr ystwyth,
    noeth
ond maent yn sŵn sy'n anwesu,
sy'n bragu geiriau melys lleddfol
i'r gwefusau sy'n eu hosgoi, wedi dychryn . . .

Ac mae'r bysedd sydd yn gynnil o dyner
yn symud ar draws croen llyfn fel sidan,
fel pobl sydd, wedi gweld ffortun,
bron wedi anghofio cydio ynddi
ond ar y funud olaf yn gwneud.
Nid ydynt am adael y lleill yr un mor ofnus
a chrynant uwch eu pennau ar frys gwyllt
sydd wrth gyffwrdd yn dyner yn trawsnewid
    yn gariad.

Ond yn sydyn maent yn cydio yn ei gilydd
gan dim ond plycio'n dyner bob hyn a hyn
fel plentyn ar ôl hir wylo
sy'n igian weithiau yn ddi-sŵn.

Ond mae fel petai heulwen yn tywynnu –
o hyd o bell ac o hyd yn swil –
ond yn wir yn cyhoeddi diwrnod newydd clir.

17.X.1941

Mae cymaint o ddigwyddiadau amryliw

Mae cymaint o ddigwyddiadau amryliw,
cymaint o fywyd dirgrynol o'm cwmpas –
gallwn anadlu a gweld
a deall y pethau harddaf
pe na bai gennyf un peth: ti.

Ond ti yw bywyd i mi
ac mae'r llall yn farwaidd a gwag.
Ac mae'r holl donnau yn treio,
ni fedrant roi i mi ddim
a fyddai mor bell â thydi a'r un mor anodd.

[?Hydref 1941]

Hwiangerdd i ti

Dere ataf i mi gael dy siglo,
dy siglo hyd lonyddwch.
Dere ataf a phaid â wylo,
cau dy lygaid.

Plethaf grud o'm gwallt i ti,
edrych: crud.
Cysgi di ynddo heb boen,
breuddwydia yn ddidrafferth.

Bydd fy llygaid i ti
yn degan disglair.
Rhoddaf fy ngwefusau i ti
yn anrheg – yf ohonynt.

[?Hydref 1941]

Breuddwydion

Cydblethir fy nosau
â breuddwydion
sydd yn felys fel gwin ifanc.
Breuddwydiaf fod blodau yn disgyn o goed
ac yn fy lapio a'm gorchuddio.

A daw'r holl flodau hyn
yn gusanau
sydd yn boeth fel gwin coch
ac yn drist fel ieir bach yr haf: gwyddant
fod rhaid iddynt ddarfod gyda'r golau.

Cydblethir fy nosau
â breuddwydion
sydd yn drwm fel swnd blinedig.
Breuddwydiaf fod y dail yn disgyn
o'r coed sy'n marw i'm llaw.

A daw'r holl ddail
yn ddwylo sy'n anwylo
fel tywod yn treiglo,
yn flinedig fel ieir bach yr haf: gwyddant y
    byddant
yn darfod cyn cael eu canfod gan belydryn
    o haul.

Cydblethir fy nosau
â breuddwydion
sydd yn las ac fel poen dyhead.
Breuddwydiaf fod plu eira atseiniol
yn disgyn o'r holl goed.

A daw'r holl blu eira
yn ddagrau.
Wylaf rai poeth a gwyllt –
dealla fy mreuddwydion, 'Nghariad: dyheant
i gyd yn dragwyddol amdanat ti.

8.XI.1941

Hwyrddydd [II]

Fel llinell las tywyll distawrwydd
y gorwedd y gorwel pell â gwawr ymylol o goch.
Sigla copaon y coed fel petaent wedi'u swyno
    gan ddawns gylchol.
Mae'r golau fel mewn chwedl, yn dyner ac yn las
    breuddwydiol.
Golau yw'r wybren o hyd, prin y gwelir y sêr,
oeraidd yw'r awyr a llyfn fel llaw merch
a threiddia alaw o'r pellteroedd eithaf:
miwsig sialm, hudolus, anhysbys.

12.XII.1941

Hwiangerdd i Ddyhead

Rho dy ben i orwedd
yn dy ddwylo, 'Nghariad,
a gwrando, canaf gân.
Canaf i ti am boen ac angau ac am y diwedd,
canaf i ti am lawenydd a ymadawodd.

Dere, cau dy lygaid,
yna rwyf am dy siglo,
breuddwydiwn gyda'n gilydd am lawenydd,
breuddwydio'r celwyddau euraf,
breuddwydiwn amdanom ni slawer dydd.

A gweli di, 'Nghariad,
y dyddiau llawn goleuni
yn dychwelyd wrth freuddwydio.
Anghofir yr oriau poenus a gwag
gan alar a dioddefaint ac ymwâd.

Ond yna'r deffro, 'Nghariad,
sy'n arswydus
a phopeth yn waeth nag erioed –
O na bai breuddwydion yn medru atgyfodi
    llawenydd
ac erlid fy mhoen boeth wyllt!

[?Rhagfyr 1941]

(Noda Merbaum fod y gerdd i'w chanu ar yr alaw
Die Zun iz fargangen (Mae'r Haul wedi Machlud)
gan Mordkhe Gebirtig (1877-1842).)

Cân o Flinder

Rwyf am gysgu gan fy mod mor flinedig,
a'r un mor flinedig a chlwyfedig yw fy
    llawenydd.
Rwyf mor unig – mae fy hoff gân hyd yn oed
wedi mynd ac nid yw am ddychwelyd.

Pan fyddaf wedi mynd i gysgu breuddwydiaf
ac mae breuddwydion mor hardd.
Consuriant arlliw o wên
ar hyd yn oed y digwyddiad gwaethaf.

Daw breuddwydion ag angof yn eu sgil
a thrugareddau gloyw, amryliw.
Efallai y medrent – pwy a ŵyr? –
fy swyno am byth i'w gwlad.

23.XII.1941

Oni theimli di ef
pan wylaf amdanat

Oni theimli di ef pan wylaf amdanat,
a wyt ti wir mor bell i ffwrdd?
Ac onid wyt i mi wedi'r cyfan yr un harddaf, yr
    unig un
y medraf ddygymod ag ef er ei fwyn, sef
    unigrwydd?

23.XII.1941

Trasiedi

Dyna'r peth anhawsaf: dy roi dy hun
a thithau yn ymwybodol dy fod yn
    afraid,
dy roi dy hun yn llwyr gan wybod
y byddi di fel mwg yn llifo ar ddifancoll.

23.XII.1941

Stefan Zweig

Neidia bywyd disglair, eirias, byrlymus
gan d'ysgubo ymaith heb ollwng ei afael,
gwna di yn frwd a beiddgar, yn llawen a mawr,
d'ysgwyd a'th deffro ag ergyd cryf,
heb fyth adael i lif yr ysblander dreio.

Cydia ynot a'th ddal yn ei fwrlwm,
dalia'r trai di a rhuthro i ffwrdd –
yr hyn na all nant wyllt, trobwll neu benllanw
mae'r anadlu hwn eisoes filwaith wedi'i wneud,
y gair hwn, brwd, gŵyr, clir fel crisial.

Yna'n oer a thawel fel llyn gogleddol,
yn serennog a meddal fel eira sy'n syrthio,
edrych arnom fel llawer o aur bath
a rolia yn goch a chrwn trwy'r bysedd,
yn hardd fel breuddwyd anhraethadwy
sy'n syllu arnat gan oleuo ystafell sy'n tywyllu –

ac yna'n codi fel petai'n cofio
ac yn ailgydio ac yn dy gipio di,
yn gweiddi arnat, yn gwenu arnat, yn wylo
    amdanat – dyma fi!
a chydia dyhead melys ynot a symud,
dyhead am bobl, 'addo' brwd
ac yna distawa fel cân yr eos.

24.XII.1941

66

Trefn Wreiddiol y *Blütenlese*
(Cynhaeaf Blodau)

Lied (Cân)

DER BLÜTENLESE ERSTER TEIL
(rhan gyntaf y Cynhaeaf Blodau)

Apfelblüten
(Blodau Afal)

Farben (Lliwiau)
Kristall (Crisial)
Den gelben Astern ein Lied (Cân i'r Serenllysiau
    Melyn)

Dunkler Flieder
(Lelog Tywyll)

Kastanien (Castanau)
Welke Blätter (Dail crin)
Stille (Tawelwch)
Spaziergang (Mynd am dro)
Welkes Blatt (Deilen Grin)
Der Kelch (Y cwpan)
Frühling (Gwanwyn)
Nachmittag (Prynhawn)
Spätnachmittag (Prynhawn hwyr)
Regen (Glaw)
Abend [I] (Hwyrddydd [I])
Abend [II] (Hwyrddydd [II])

Nachtschatten
(Cysgodion Nos)

Sehnsuchtslied (Cân o Ddyhead)
Trauer (Galar)
Schlaflied für mich (Hwiangerdd i mi fy hun)
Du, weißt du . . . (A wyddost ti . . .)
Märchen (Chwedl)
Ich bin der Regen (Y Glaw wyf i)
Ja (Ie)
Poem (Cerdd)
August (Awst)
Herbst (Hydref)
Lied (Cân [II])
Herbstregen (Glaw hydref)

Rote Nelken
(Ceianau Cochion)

Hände (Dwylo)
Haar (Gwallt)
Ich bin die Nacht (Y Nos wyf i)
Rote Nelken (Ceianau Cochion)

Sterne
(Sêr)

Schlaflied (Hwiangerdd)
Wiegenlied (Suo-gân)

Fahnen
(Baneri)

Gilu (Gilu)
Lied der Freude (Cân llawenydd)
Der Sturm (Y storm)

Fremdländische Orchideen
(Tegeirianau Estron)
(Cyfieithiadau; heb eu cynnwys yn y
gyfrol Gymraeg hon)

Ich bin der Weg ge'n Untergang (cyfieithiad o'r
gerdd Iddeweg *Ech bin der weg ken marev* gan
Itzig Manger (1901-69))
Herbstlied (cyfieithiad o'r gerdd Ffrangeg
Chanson d'automne gan Paul Verlaine (1844-
96))
Schlaflied (cyfieithiad o'r gerdd Iddeweg
Schluflid gan Halper Lejwik (1888-1962))
S'weint der Regen (cyfieithiad o'r gerdd *Il pleure
dans mon cœur* gan Paul Verlaine)
Dämmerung (cyfieithiad o'r gerdd Rwmaneg
Crepuscul gan Discipol (Paul) Mihnea (1921-
94))

DER BLÜTENLESE ZWEITER TEIL
(ail ran y Cynhaeaf Blodau)

Teeblüten
(Blodau Te)

Vormittag (Bore)
Regenlied (Cân glaw)

Weiße Chrysanthemen
(Blodau Mihangel Gwynion)

Bleistiftskizze (Sgets pensil)
Stefan Zweig (Stefan Zweig)
Das Glück (Llawenydd)
Sonett (Soned)
Sonne im August (Haul yn Awst)
Tränenhalsband (Mwclis dagrau)
Es ist so viel buntes (Mae cymaint o
   ddigwyddiadau amryliw)

Wilder Mohn
(Pabi Gwyllt)

Schlaflied für dich (Hwiangerdd i ti)
Träume (Breuddwydion)
Schlaflied für die Sehnsucht (Hwiangerdd i
   Ddyhead)
Müdes Lied (Cân o Flinder)
Spürst du es nicht (Oni theimli di ef pan wylaf
   amdanat)
Tragik (Trasiedi)

Schlafmohn
(Pabi Opiwm)

(Ni cheir unrhyw gerddi dan y pennawd hwn a nododd Selma nad oedd ganddi amser i ysgrifennu rhagor.)

Selma Merbaum
gan Mary Burdett-Jones
(i Elissa R. Henken)

Dylunia deilen grin celynnen dy fywyd –
erys pigau amgylchiadau
ond darfu'r cnawd yn wawn o gerddi,
rhyw harddwch main,
cromlinellau sy'n troi a throsi ieithoedd;
glania'r ddalen a sefydlogi,
llinellau'n gweu trwy'i gilydd
ac odl a rhythm, cyflythreniad a chyseinedd
yn clymu rhwyd ddiogelwch y cof –
tyndra sy'n creu'r we
a daw'r plygiadau yn grud yr awen,
cryfder bachog y strwythur yn sicrhau parhad
wrth drawsnewid cân gignoeth y frân
yn felodi'r eos.

Aeth y pigau yn goron y ferch Iddewig
y daeth ei disgyniad o wely pren gwersyll llafur
yn Pietà.

Darganfyddwn hen aur yn y pridd.

(Rhoddodd Arnold Daghani (1909-85) y teitl 'Pieta' i'w lun o
gorff Selma wedi'i lapio mewn blanced yn cael ei ostwng ar ysgol
o'r rhes uchaf o welyau bwnc yng ngwersyll llafur Mikhailowka;
roedd ef yn Iddew a gofnododd fywyd y wersyll mewn darluniau ac
mewn geiriau ac yn un o'r ychydig a lwyddodd i ddianc oddi yno.)

www.melinbapur.cymru

Dilynwch ni ar:

X (@melinbapur)
Facebook (@melinbapur

Milton Keynes UK
Ingram Content Group UK Ltd.
UKHW021034010824
446316UK00004B/50

9 781917 237192